Estar viva

Pilar Clau

OLIFANTE
Serie Maior

Colección fundada y dirigida por Trinidad Ruiz Marcellán

Edición conmemorativa del XLV Aniversario
de la creación de OLIFANTE. Ediciones de Poesía

Estar viva
PILAR CLAU

© de la presente edición: OLIFANTE. Ediciones de Poesía
Reservados todos los derechos
Editado por OLIFANTE. Ediciones de Poesía
Diseño gráfico: Vicente Pascual
© Logotipo: Ricardo Calero
© Pilar Clau
© Fotografía: Juan Moro

I.S.B.N.: 978-84-128991-3-9
Depósito Legal: Z 1895-2024

Impreso en España por COMETA, S.A.
PRINTED IN SPAIN

Foto: Juan Moro.

A mis sobrinos

ESTAR VIVA

Me gusta recordar que estamos vivos.
Tú, yo, ellos, nosotros y vosotras
ahora, hoy, en este instante, ¡estamos vivos!
No es que ame la vida, amo estar viva.

Respirar, hablar, dormir y despertar.
Abrazar, enfadarme, disfrutar,
divertirme, soñar, reír, amar,
llorar, besarte, sentir, acariciar.

Me gusta recordar que estamos vivos.
Tú, yo, ellas, nosotras y vosotros.
¡Las posibilidades! ¡Las certezas!

No es que ame la vida, amo estar viva.
La brisa, el agua, el sol y las palabras.
El cosquilleo constante de existir.

YO SOY ALGO NATURAL

Yo soy algo natural,
como la encina,
como la higuera,
como el almez.
Raíces, tronco y copa.
A veces doy flor
y a veces fruto.

Yo soy algo natural,
imperfecto, imprudente
cuando es necesario,
frágil, firme y definitivo.

Yo soy algo natural
y, para seguir viviendo,
me nutro de imaginación
y de promesas.
Me nutro de esperanza.

SOBREVIVIR

El fuego de mis heridas me libera,
el agua que ayer me ahogaba hoy me sostiene.
Lo que me hace sufrir me hace estar viva;
me provoca, me reta, me recrece.

He sobrevivido a dos naufragios.
¿A dos? A tres, a cuatro, a cinco, a más.
He vivido muchas vidas, muchos tiempos.
He mudado de piel, de condiciones y de metas.

Soy un ser viviente porque soy un ser superviviente.
Hoy no soy la que fui, la que olvidaba que vivía;
hoy soy la que quiero ser: la que escribe este verso
    porque vive.

En la tierra que me cubría fui semilla,
en el abismo hallé mi libertad
y en mi capacidad de resurgir, la vida.

Los elegidos

ELLOS

Ellos que renunciaron a ser ellos
y que aceptaron ser quienes debían,
ellos me han enseñado a mí a ser libre.

Ellos que abandonaron sus deseos
para cumplir con sus obligaciones,
ellos me enseñaron a componer
armonías de quereres y deberes,
contrapuntos que enriquecen
la melodía de mi vida.

MADRE

No es lo que valían los hilos,
es lo que valía tu tiempo:
horas de días y noches
mangas y sisas cosiendo.

No es lo que valía la tela,
es lo que valían tus ojos:
horas de días y noches
fijos en puntos y en lienzos.

Cremalleras y botones,
dedales, tijeras, lápices,
alfileres, cintas, metros…
Tus instrumentos, mi juego.

Tú cosías, yo jugaba
y, entre cuellos y solapas,
tú hilvanabas sentimientos.
Después, yo resplandecía
con el traje de tu aliento
y tú, gozosa, mirabas

y buscabas otras telas
para continuar cosiendo.

¿DÓNDE ESTÁS?

Me siento al caer la tarde
a acompañar el paisaje,
nuestro paisaje, porque es nuestro.
¿Y tú? ¿Dónde estás?

Empiezan a llegar las golondrinas
y oigo tu voz:
«Ahora se posarán en ese alambre
y un poco más tarde
volarán detrás de los mosquitos».
«Mira aquel tractor.
Trae los prismáticos».
¿Dónde estás?

Te oigo, te sigo oyendo.
Aquí, todas las tardes,
y a cualquier hora
en todas partes
oigo tu voz y tus palabras.
Tu voz clara y rotunda.
Voz de padre.
¿Dónde estás?

Oigo tu voz y no te veo.
Estamos todos acompañando al paisaje,
nuestro paisaje, porque es nuestro.
¿Y tú? ¿Dónde estás?
Conmigo, en todas partes.

Pretérito imperfecto

ALGUIEN DIJO

Alguien dijo de mí que no sabía
y me quedé callada.
Tímida, mi respuesta
se fundió con la nada.

Alguien dijo de mí que no podía
y no pude:
se rindieron mis fuerzas,
se apagaron mis ganas.

Alguien dijo de mí que no quería
y mi voluntad enfurecida
sublevó lo rendido,
encendió lo apagado,
y el géiser de mi aliento
anunció que emergía
igual que una ballena
en el Banco de la Plata.

ESCONDIDA

Quise ser tú, ser ella, ser vosotros,
y surgió un yo sin mí,
vacío de vida y lleno de artificio,
un yo sin alma que la buscaba sin cesar.

De tanto esconderme del mundo
me escondí de mí
en los sueños de otros,
en sus decisiones,
en sus dudas.
Me escondí en sus caminos
y anduve perdida,
perdida en mí
y perdida en el mundo,
que creyó que era otra.
Yo, llena de otros,
vestida de otros y
con la voz de los otros.

No pude avanzar
por sendas que no eran mías.

Laberintos,
metas extrañas,
algarabías de sueños,
ecos de nada.
Bosques, nieblas,
pasillos, enigmas,
jeroglíficos, sombras.

Me atropelló el viento,
me empujó la tarde
y surgió un yo sin mí,
vacío de vida y lleno de artificio,
un yo de fuego, de agua y de cenizas
que se desintegró en una carretera.

Entre las cenizas
asomó el alma oculta, silenciada,
desnuda de los otros
que se alzó libre, fuerte, serena.
Y surgió un yo conmigo.

¿FUI?

Fui para mí un enigma:
una extraña, una completa desconocida.
Cubierta con los deseos de otros,
con las expectativas de otros;
invisible entre otras vidas.

Con los ojos vendados por el miedo
y el alma encerrada,
aprisionada por la desconfianza en mí.
¿Fui?

No estoy en mi memoria.
Sólo un vago reflejo de mí
algunas veces.

¿Fui?
Soy.

Instantes

INSTANTES

Por ejemplo, en este instante:
tú lees este verso,
un avión surca el cielo sobre ti,
llega un tren,
unos se encuentran y otros se despiden,
alguien está naciendo
y alguien, en este instante,
desea estar contigo.

Cada instante de vida es un tesoro.
Riqueza concentrada en un presente íntimo,
eslabón esencial de tu epopeya.
¡O principio!
Cada instante de vida es un principio.

PASEO NOCTURNO

¿Os acordáis, amigas, de la luna
que nos acompañó a dar un paseo?
¿Recordáis que nuestras voces a una
ensalzaban el pueblo y el sendero?

«¡No hay lugar más bonito en el mundo!»
Las estrellas gozosas sonreían.
La dicha alumbraba el negro rotundo.
Surcamos la noche, los campos dormían.

De repente, unos faros nos miraron.
«¿Quién a estas horas…?» Las voces temblaban.
Dimos la vuelta. Los grillos callaron.

Mari Carmen rezaba un padrenuestro.
Los búhos el vuelo en silencio alzaban.
Oíamos sólo un motor siniestro.

Cosas

LAS COSAS

A Jorge Luis Borges

Sí sabrán, querido Borges, las cosas:
la aldaba con el nombre de mi abuelo,
el picaporte gris, la tranca añosa,
la puerta falsa y las tablas del suelo.

Los lienzos que bordaron mis abuelas,
sueños blancos callados entre encajes.
Las cosas son de la memoria espuelas.
En el bolsillo de mi abrigo traje

por descuido la llave de mi padre
y un llavero inventado por sus nietas.
Verlos me trae amor que dulce aprieta.

Las cosas son del pensamiento sangre:
despiertan los ayeres más dormidos
y traen caricias de los que se han ido.

UNA COSA

A veces tengo envidia de las cosas
que viven tantas vidas.
Parece que son ciegas, sordas, mudas;
pero todo lo han visto,
lo han oído todo.
Todo lo cuentan.

Todo lo retienen:
los sueños callados, los engaños,
las risas, las ambiciones,
los secretos, los llantos,
los amores furtivos.
Todo lo cuentan.

Esa fuente que nos vio jugar un día,
la piedra que la guarda y la embellece,
conserva la melodía exacta de las voces,
los susurros, los gritos, los enfados.
Unas veces calla;
otras, revela.
Y es una piedra,
una cosa.

Contratiempo

ACCIDENTE

En mitad de la vida me frenaron
y me aparté en silencio del camino.
Esperé sin saber y sin sentir.
Esperé
y el amor vino a buscarme
y me empujó a la vida.

A la vida de nuevo.
A vivir,
no a sufrir,
no a aparentar.
¡A vivir!
A otro camino.

DÍAS SIN MÍ

Hubo días sin mí,
noches sin mí;
horas de inexistencia.
Mamá lloraba.

Me dicen que yo estaba,
que hablaba,
que reía.
Mamá lloraba.

No consigo evocar
ese joven pasado.
No recuerdo esos días
ni esas noches.

Otra yo sería acaso
la que vivía entonces;
una que se marchó
sin dejar nada en mi memoria.

No es que no quiera,
es que no puedo.

Busco el poder en el querer
y, como no lo encuentro,
busco pretextos
para no querer,
subterfugios para no saber
que no puedo.

VIVIR

¿Dónde están mis tacones?
¿Y mi garbo?
Mis prisas, mi abarcarlo todo,
las interminables listas
de tareas diarias,
la laca de uñas,
el vestido rojo,
la falda de ante,
la peluquería.

¿Dónde están los planes
de ser la primera,
de ser la mejor?
No están.

Todo lo he cambiado
por vivir.
Ese es mi plan:
vivir,
aprender,
disfrutar,

reír, amar.
Sentir.
Vivir.

LA MITAD DE MÍ

La mitad de mí es una extraña.
La veo,
va conmigo,
me habla,
la escucho;
pero no la siento.
Me completa.
Soy yo también,
pero no me siento.

VIDA NUEVA

Me abrí paso entre una maleza
de inquietudes y pálidos recuerdos.
Miré sin ver
y abroché imágenes y palabras
a una semblanza ilusoria.
Busqué en la que fui
y recreé un pasado terso y dócil,
sin riscos, sin escollos.
Pasado de entusiasmo y certidumbres.

Y al último eslabón de ese pretérito
quise encadenar el presente.
Quise seguir
y no empezar de nuevo.
Creía que el pasado estaba abierto,
que no se acaba;
pero el antes también cierra sus puertas.

Me quedé en el presente y aquí estoy.
Presente siempre,
fundamental y cierto.

Mañana ya me iré
porque el presente de hoy
mañana ya será pasado.

PROPIOCEPCIÓN

Soy yo;
son mis manos abiertas,
mi cuerpo sensorial y práctico.
Son mis pasos, mi postura.
Reconozco al nuevo ser,
al nuevo yo
y al ser de antes.
Soy yo.

A VECES

A veces no puedo.
A veces me derrumbo.
A veces necesito
el cariño de todos,
la fuerza de todos
y no la tengo.

A veces estoy triste,
muy triste
y nadie comprende.
Entonces me hundo
en una sima profunda
de soledad.
Tan profunda y tan negra
que no veo el fondo;
pero no tengo fuerza
y sólo puedo
dejarme caer.
Abajo habrá algo
que me ayudará a salir.
Más tarde.

Ahora lloro
porque no puedo.

Y ahora la tristeza
ya es sosiego.
Tristeza natural,
tristeza justa
que viene a liberarme
de la hipocresía,
del disimulo.

A veces estoy triste
y es acomodo,
tregua,
asueto.
Tristeza que es sosiego.

Mañana no es ahora
ni dentro de dos horas es ahora
ni pasados unos minutos.
Ahora no es después.

Ahora es sólo ahora,
es este instante
en que escribo esta palabra
y pienso en esta tarde
y me preocupa
qué sucederá
y pienso que vas a venir
y espero
y me impaciento
y sufro
porque quiero un imposible:
que pronto sea ahora,
que sea ahora esta tarde,
que suceda ahora
lo que ha de suceder mañana.

TIEMPO

La inercia se detiene.
Es tiempo de pensar,
de ser,
de estar.

Tiempo de intimar conmigo,
de descubrir.
Otear ayer, vislumbrar mañana,
pero ser hoy, ahora,
aquí.

PAZ

La paz es el fin y es el camino.
¿Dónde vive la paz?
¿Dónde se esconde?
¿Vive en ti? ¿Y en tu casa?

¿Que desapareció?
¿Que ya nadie la invoca?
Pues yo voy a buscarla
o voy a construirla
y que acampe en mi ser.

La paz es requisito indispensable
para alegrarse, para esperar,
para respirar.

Voy a encontrarla
y voy a multiplicarla.
La llevaré a mi casa, a mi calle,
¡al mundo!
para que el mundo sobreviva.

Aún no, aún no estoy lista.
Antes, voy a aprender,
a descubrir, a creer.
Voy a llenar de fuerza el yo inmortal
para que crezca
seguro y radiante.

Yo soy. Resurgiré.
Seré yo.
Por ti y por ellos,
por mí.
Viviré sin ensayos,
sin temores,
sin condiciones.
Aceptaré la vida,
la que ha sido, la que es,
no la que espero.

Seré
sin apresurarme.

La vida es un juego;
el escondite, una partida de ajedrez…
¡Un pulso!
Un pulso que no cesa.

Un pulso de los deseos,
de los planes
contra los imprevistos,
contra los contratiempos.
Un pulso que no cesa.

Si ganan los primeros
yo me siento invencible
y, a veces, lo celebro.
Si los segundos ganan,
no me siento vencida
porque yo también gano
el pulso que no cesa.

Si gana el contratiempo:
gano viveza, empuje,

gano pasión y fuerza
para alcanzar mis metas,
para mis nuevos planes,
que harán de nuevo un pulso
contra los contratiempos,
contra los imprevistos.
Un pulso que no cesa.

Perplejidad

MISTERIO

Iremos al mar
cuando sea verano,
cuando haga menos calor,
cuando haya menos gente,
cuando me quiten el yeso del brazo.
Ahora.

¿Ahora?
Ahora ya no hay mar.
Se secó el mar,
hay sólo arena.

Mi pensamiento es el Triángulo de las Bermudas.
Lo que entra en él desparece del mundo:
joyas, paisajes, libros y películas.

Mi pensamiento está habitado
por vientos y corrientes extrañas:
tornados, terremotos,
tsunamis, huracanes.

Es un agujero negro,
una región finita del espacio
donde la masa concentrada
es tan enérgica, tan poderosa
que nada escapa a su control.
Cristal de fuego.

Quizá los extraterrestres
han visto en mi cerebro tantos mundos
que lo han invadido.
O es posible
que lo hayan tomado
para rescatar a la humanidad.

PAISAJE HUMANO

Belleza, admiración y perplejidad,
preguntas:
¿Quién es el del jersey azul?
¿Y la morena del vestido amarillo?
¿La conozco?
¿Está triste?

Esas de ahí se ríen
y río yo con ellas.
No es un paisaje, es un espejo:
mis gestos son movimientos impensados,
sentimientos reflejos.
Me alegro, sufro, temo, me aflijo, me enfado,
me conmuevo con ellos, con cada uno.
Soy todos.
Soy ese paisaje humano
de niños, mujeres, hombres, ancianas.

Blancas, negros, amarillas,
Soberbias, amables, sensibles, engreídos.
Altas, bajos, gordas, guapos, calvos.

Seres humanos.
Vida, sueños, decepciones,
sabiduría, esfuerzo, torpeza,
inquietud, tranquilidad, prisas,
cobardía, azoramiento,
pasmo, sonrojo, orgullo,
envidia, admiración, odio, amor.

Nombres, familias, amigas, vecinos.
Desconocidos.
Ellas, todos y yo.
Humanidad.
Belleza, admiración, perplejidad.

¿Dónde están los valientes?
Absorbidos. Diluidos.
Han decidido renunciar a su libertad
y obedecen. Callan.

Pero no saben que lo han decidido
ni saben que han dejado de ser libres.
Son incapaces.
Sólo obedecen,
callan.

¿Y su coraje?
¿Y su honestidad?
Han renunciado a todo.
No saben que eran valientes.
Quizá nunca lo han sido.

¿SABER?

Saber. Quiero saberlo todo.
¿Saber? ¿Para qué saber?
Mejor no saber nada
o saber sólo un poco,
saber lo justo para no sufrir.

Saber lo imprescindible
para proteger la vida en peligro;
por ejemplo: las normas de circulación.
Saber para entendernos;
por ejemplo: la ortografía y la sintaxis.
Saber para estar contigo;
por ejemplo: tu nombre.

¿Saber? ¿Saberlo todo?
Las normas, la ortografía, el tiempo
no son imprescindibles.
El ser humano es lo imprescindible.
Dar, escuchar, cuidar,
acoger, amar al ser humano.
Después ya conoceremos la ortografía

y las normas de circulación.
Después.

Saber para alcanzar el fondo de las cosas,
el fondo de mí misma
para comprender
y para conquistar la paz.

No es la teoría de las cuerdas,
el enérgico espín
ni la inteligencia artificial
lo que unificará la Física
en una teoría del todo.

No son los gravitones,
la teoría cuántica
ni la relativista
lo que podrá explicar
las fuerzas gravitatorias.

No es el espaciotiempo,
las once dimensiones
ni el Eterno retorno
lo que pondrá fin
a la controversia.

No es la materia oscura,
la expansión de las galaxias,
la tensión de Hubble

ni la luz cansada del Bing Bang
lo que medirá la expansión del cosmos.

Será la métrica, la poesía, los versos.
Porque no es falsable un verso
y es a la vez y en todas partes.
Sólo la poesía podrá explicar
la teoría del multiverso.

Para medir el mundo en su totalidad
la ciencia necesita
una nueva geometría,
una geometría inextinguible,
eternodimensional
como la poesía.

No es la teoría de las cuerdas
el enérgico espín
ni la inteligencia artificial.
Sólo la poesía podrá explicar
el multiverso.

UN NUEVO PLANETA

¡Hay un nuevo planeta!
En el sistema solar
hay un nuevo planeta.

Lo han encontrado oculto
en el cinturón de Kuiper.
Más allá de Neptuno.

¡Hay un nuevo planeta!
Yo ya sueño con él
y lo imagino
lleno de poetas y de versos,
lleno de paz y de poesía.

Rescate

Rescátame, poesía.
Ven y quédate conmigo.
Aquí, donde pueda mirarte,
sólo mirarte.
Rescátame, poesía.

SÓLO PALABRAS

No tengo nada,
sólo palabras,
y lo tengo todo.

Puedo hacer sentir;
hacer reír,
causar temor,
infundir ánimo,
matar,
consolar,
seducir,
reconfortar,
convencer,
alegrar.

Puedo abrirme caminos.
Puedo escribir la vida.

No tengo nada
y lo tengo todo
porque tengo palabras

para abrazarte
y para salvar mi voluntad.

DISTINCIÓN

Las flores no tienen palabras.
Los animales no tienen palabras.
Sólo los seres humanos las tenemos.
Eso nos distingue.
No es la inteligencia,
la razón
ni los sentimientos;
son las palabras,
las letras
y los versos.

¿QUIÉN SOY?

Intento rimar conmigo el mundo.
Aspiro a comprender
el ritmo,
la métrica del ser
y su cadencia.

¿Quién soy?

Para reconocerme escribo versos,
poesía espontánea,
susurros con cadencia
que penetran el alma.

¿Son los versos consciencia?
Son voz,
misterio,
hilos que unen
las estrellas
con la circulación de la sangre.
Son como la consciencia:
saber

y no saber nada.

¿Quién soy?

Vuela mi pensamiento
y caen palabras
despacio,
como copos de nieve.
Corporeidad,
instinto,
melodía.

Después, llueve.
Acordes de lluvia
rotunda,
interminable.
Deseos,
sueños,
miedos,
decepciones.

Ahora susurra el agua
y comienza a descender
los peldaños de la noche.

En el umbral de la consciencia
me detengo y pregunto:
¿Existo?

ACLARACIÓN

Vivir no es conservarse,
competir,
preocuparse
ni defenderse.

Vivir es florecer,
dar,
alumbrar,
crear,
soñar,
probar,
reír,
amar.

Vivir es escribir.
Por eso escribo.

VERSOS TÍMIDOS

Hay versos silenciosos
que asoman a la voz
cuando la ven dormida.

Son versos tímidos
que no quieren estar en un poema.
Versos que no se sienten versos
ni frases ni pensamientos,
sólo un leve susurro,
una armonía etérea
que da sosiego al alma
y la reconcilia con el universo.

Los versos son líquidos, son fluidos
como es la vida,
como son los años,
igual que es el amor y es la tristeza.

La alegría es sólida,
robusta como las palabras,
como las cosas.

¿Y la voz?
La voz es cuántica.
La voz no se congela.
Cambia de forma,
de color y de ritmo.
Adquiere nuevos tonos,
pero no se congela.
La voz no se congela.
Ni la memoria puede congelarla.

Las palabras ya tienen diccionarios
y libros que garantizan su protección.
¡Y versos!
¡Los versos son el refugio
del esplendor de las palabras!
Y a los versos los conserva la memoria
y los ampara el alma.

Pero, ¿y la risa?
¡Que no se pierda la risa!

Propongo que la Risa sea declarada Parque Universal.
La Risa es un volcán,
una catarata,
una fuente,
un río,
un pozo.

En razón de su excepcional valor natural y cultural,
su rica variedad, la singularidad de sus sonidos,
y su carácter representativo
de la alegría,

de la simpatía,
del agrado,
del entendimiento y
de la felicidad,
la Risa merece un espacio protegido
que asegure su conservación.

Propongo que la Risa sea declarada Parque Universal.
Propongo que al Parque Universal de la Risa
se incorpore la Sonrisa.
Y propongo que también sean protegidas
las inmediaciones,
el espacio exterior colindante;
el preparque:
todos los sentimientos,
porque sin ellos
no habrá consciencia.

En razón de su extraordinario interés científico,
la Risa debe ser declarada Parque Universal.
Quienes visiten este Parque
observarán una gran mejoría en su salud:
Les bajará el colesterol, la presión arterial y la glucosa.
Les subirá la visión, la audición y el sentido del humor.

El espacio a preservar:
el tallo cerebral,
el eco de las risas
y el tiempo:
cada segundo que reímos.
Propongo que la Risa sea declarada Parque Universal.

Aquí

EL RUBOR DE LA TIERRA

El momento más bello del día
no es el amanecer
ni es el ocaso.
El momento más bello del día
es ese en que la tierra se ruboriza
cuando ve llegar al sol.

Aurora de dedos sonrosados
donde nacen los días
del héroe Odiseo
en su regreso a Ítaca.

El momento más bello del día.
¡Ese sonrojo!
Hoy lo he visto a las seis de la mañana
y me ha contagiado su turbación.

Cada día la tierra se sonroja
cuando ve llegar al sol.
¿Estará la tierra enamorada?

QUE AMANEZCA

La aurora se ha vestido de gris intransigente;
hoy no ha habido sonrojo y el día está apagado.
¿Hay en mis ojos nubes o es el humo de Oriente?
¿O acaso es que mi alma aún no se ha despertado?

¿O son mis ilusiones las que no me permiten
ver hoy la luz que emiten crepúsculos y albores?
¿O son mis ilusiones las que a la aurora omiten,
y silencian su brillo y empañan sus colores?

¿Es tristeza o es culpa? ¿O es sólo cobardía
lo que nubla mis ojos y la verdad me oculta?
¿Invento yo fantasmas para cegarme el día?

Aurora es luminosa. Amada hermana del sol.
Voy a vibrar con ellos sobre las nubes grises
que de mi fuerza y brillo desde hoy serán crisol.

NUBES

Hoy las nubes elevan la belleza del cielo.
Nubes de las seis de la tarde.
Nubes blancas, rosas
y alguna nube negra entre las blancas.
Cúmulos, estratos,
cirros, nimbos.

El paisaje es diferente cada tarde.
Igual que yo.
A veces soy las nubes
y casi siembre el sol.
A veces soy tormenta:
relámpagos, truenos,
lluvia y hasta piedra.

Hoy soy nubes tranquilas,
calladas, quietas;
un elefante,
un delfín,
una llama,
un perro.

Y arriba
azul brillante.

RELÁMPAGOS

Ardor anaranjado
que resquebraja el éter.
Exhalaciones
que desgarran los velos de la atmósfera.
Ramas nevadas,
ramas encendidas,
luz arrebatada
en el cielo cobalto.

Rayos, bombas, destellos.
Impulsos, deseos, sueños.
Fulgor palpitante.
Ráfagas que alumbran
las confidencias de la noche.

Tormenta silenciosa
como un amor callado.
Espectáculo de luz y de silencio.

Y yo, mientras lo veo,
entro,

salgo,
oigo voces a mi espalda,
supongo,
escribo.
Chispas que aspiran a alumbrar
los arcanos de la vida.

Noche nerviosa.
Resplandor en las nubes,
llamaradas,
burbujas de luz blanca
que estallan
en la cúpula del cosmos.

Y LAS ESTRELLAS

¡Qué bella la noche!
Dejarse mecer
por la rotación sedosa de la tierra.
¡Y las estrellas!

Rojo, violeta,
azul nocturno,
negro.
¡Y las estrellas!

Escasea la luna,
y aún sucinta,
domina contundente el horizonte.
Espía a veces
y otras fija sus ojos con descaro.

Un avión pasa cauteloso
para no despertar a los planetas.
La luna lo ha visto.
¡Y las estrellas!
Dejarse mecer
por la belleza rabiosa de la noche.

Mirar las estrellas todas las noches
fortalece el sistema inmune,
mejora la concentración
y alarga la vida.

Sentarse en una banqueta de tres patas
para ver las estrellas
aumenta la energía
y aminora el estrés.

Si es noche de luna llena,
es más saludable
sentarse en el suelo.

En cuarto menguante,
se aconseja mirar las estrellas sólo con el ojo izquierdo,
y en creciente, con el ojo derecho.
Lo contrario genera ansiedad.

No veo el sol, pero está.
Es su luz la que alumbra.
Veo en todas partes su reflejo,
las sombras que proyecta
en la pared, en el suelo, en los arbustos:
la figura de las flores,
la silueta de un gato,
el ajetreo de las sábanas tendidas.

Tampoco veo el viento,
pero oigo su silbido
y veo la ropa que flamea.
Tiemblan las hojas,
las ramas se estremecen,
me acaricia la cara.
Y sé que está.

No veo la añoranza
ni la ternura
y sé que están.

También está la vida
y no la veo.

Renacer

RENACER

He experimentado el renacer
y he conocido mi plenitud.

Confieso que me excluí,
que me ataqué
porque creí que así me ponía a salvo
de la ira, del desprecio y de la humillación
de los seres viles y cobardes,
de la esclavitud.

La verdad alborea ahora en mi mente,
ya no moran en ella las tinieblas,
ya no creo lo que no es verdad.
He tenido pesadillas,
pero el sueño no es real
y no sabía que dormía.

Al despertar he visto la verdad a mi alrededor
y ya puedo gozar de la certeza.

LO VIEJO

No busques en mis versos nuevos vida vieja
ni vida renovada en mis antiguos versos.
Lo que fue ya no es
y lo que es no fue antes.

De lo viejo, si acaso,
cicatrices
y un sabor dulce, amargo,
rancio a veces.

Sólo lo bello, lo más bello,
está intacto en lo nuevo
porque siempre es nuevo
aunque sostenga todo el peso del tiempo.

LA MENTE

Eso es todo: la mente.
Todo surge en la mente:
las tormentas grises,
las dudas estruendosas,
el miedo, la culpa, el sufrimiento,
las comparaciones narcisistas,
la codicia.

Y también el amor y la bondad,
la generosidad, la fuerza, Dios,
la alegría, la paz y la confianza,
la luz.

Unas veces me ataca,
me acosa y me maltrata;
otras veces me adula,
y me hace creer
que soy mejor que otros.

Mi mente es blanca y negra.
Es vagabunda.
Tendré que vigilarla,
que no escape de mi mirada,
que no se disperse.

Atarla, domarla para que repose.
Aniquilar lo adverso:
despojarla de miedos y de dudas
para que no se escondan entre ellas
los tesoros que busco:
luz y paz.

Es urgente vivir.
No perdamos el tiempo.
Vayamos, escuchemos, actuemos.
¡Ahora!
Si no lo hacemos hoy,
¿cuándo tendremos otra oportunidad?

Es urgente actuar aquí y ahora.
¡Sorprendernos!
Abandonar lo viejo
y empezar otra vez.
Creer, crecer, crear.

Es urgente abrazar,
ahogar el miedo,
recuperar la dignidad perdida,
la dignidad de todos.
Es urgente amar,
vivir.
Es urgente vivir.

Pilar Clau estudió Filología Hispánica en la Universidad de Zaragoza. Ha desarrollado toda su trayectoria profesional como periodista. Es columnista en Heraldo de Aragón.

Ha publicado dos novelas: *Pétalos de luna* (Planeta, 2013) y *La sobrina* (Planeta, 2018), un libro de poesía: *Mujer de otoño* (Olifante, 2023) y el ensayo *Y decidí amarme,* con estrategias prácticas de la psicóloga Gabriela Lardiés (Huerga y Fierro, 2024).

Escribió con Mariano Gistaín *Lo mejor de Zaragoza* (2009), *Agua y cielo* (2010), *Zaragoza, tú y yo* (2011), *Dulces piedras escondidas* (2011) y *Generación Row* (2012).

ÍNDICE

En esta edición se empleó papel registro ahuesado en tamaño 70×100 de 125 gr m² y cartulina Opale de 250 gr m². Se utilizó el tipo Bodoni en los cuerpos 7, 8, 9, 10, 11, 12, 13, 18 y 24. Color Pantone 873 U.

Esta primera edición de

Estar viva

se acabó de imprimir
en los Talleres Editoriales Cometa, de Zaragoza,
cuidando el proceso técnico Albertina Lisbona.
Responsable de erratas, Tutivillus.
El libro fue encuadernado en
Encuadernaciones Raga, S.A.,
y quedó terminado el día 30 de noviembre de 2024.
Se utilizó tipografía Bodoni
en los cuerpos 8, 9, 10, 11, 12, 14, 26 y 36
sobre papel Registro ahuesado de 125 gramos.
Su tiraje lo componen 1.000 ejemplares.

SARGON BOULUS
El humo de la brújula (Antología poética)

ÁNGEL GUINDA
Los deslumbramientos seguido de *Recapitulaciones*

RAINER MARIA RILKE
La canción de amor y muerte del alférez Christoph Rilke
Edición de Fernando J. Palacios León
V Premio Marcelo Reyes a la Traducción

VV.AA.
Poesía búlgara contemporánea
Traducción de Rada Panchovska y Ricardo Díez Pellejero
VI Premio Marcelo Reyes a la Traducción

VV.AA.
La casa del presente. 14 poetas vascos
Edición literaria de Íñigo Linaje y Ángel Guinda

MOHSEN EMADI
Sonata de ceniza (Una égloga)

ÁNGEL GUINDA
Aparición y otras desapariciones

AGUSTÍN PORRAS
La tarea del poeta

BELÉN MATEOS / FRAN PICÓN
En la bóveda de tu mirada

PILAR CLAU
Estar viva